Girona 2012

Montserrat Brugué i Franch

Un poema per a cada ocasió

Proposta educativa de poesies per a escolars

© 2012 Bubok Publishing S.L.
1ª edició
ISBN: 978-84-686-0357-5
Editat per Ariadna Audivert Brugué
Imprès a Espanya / Printed in Spain
Imprès per Bubok

*Dedicat als meus fills Mariona i Jordi,
i als meus nebots Ariadna, Sergi i Fina.*

Índex

Una reflexió pedagògica sobre la poesia a l'escola	9
Parlem de les estacions	15
Els animals	33
Les festes escolars	45
Una altra temàtica escolar	65
Catalunya	69
Homenatge als pares i avis	81
Valors ètics i humans	85

Una reflexió pedagògica sobre la poesia a l'escola

L'infant comença des de la més tendra edat, ja en el jardí d'infància, a desenvolupar el llenguatge oral que serà el seu vehicle per un futur aprenentatge del llenguatge escrit. Aquest llenguatge oral es practica a l'escola i s'inicia a la llar d'infants amb l'ús d'un vocabulari familiar que mica en mica aniran ampliant, així com tot un seguit de cançons, dites, poemes que els nens aniran vocalitzant, entonant i memoritzant-ne el contingut.

Dins del llenguatge oral, el llenguatge poètic es fa servir sovint, tant en l'educació infantil, com en l'ensenyança primària, secundària o superior. Enfocant-lo de diferent manera i adaptant-lo segons el cicle o nivell dels alumnes.

El cert és que des de petits, els nens han de desenvolupar el gust pel llenguatge poètic, que no és res més que un altre recurs del llenguatge oral i escrit. I per què? Doncs, senzillament, perquè respon als objectius bàsics del llenguatge en cada etapa. Aquests serien en termes generals:

1. Saber-se comunicar i expressar en tots els contextos.

2. Despertar l'interès i desenvolupar la creativitat literària en els infants.

3. Conèixer la cultura, tradició i folklore mitjançant la seva participació (que pot ser amb forma poètica) i així anar coneixent els signes de la identitat pròpia de Catalunya.

Els poemes recollits en aquest llibre estan pensats per complir aquests objectius. Seguidament exposaré les raons per les quals he pensat que aquests poemes poden ser utilitzats a l'escola en l'aprenentatge dels alumnes:

1. Tots els poemes tenen caràcter didàctic i pedagògic.

2. El llibre està dividit en diferents apartats aglutinant els poemes en temàtiques properes a l'alumne que es treballen a l'escola.

3. Sovint se'ns fa difícil trobar activitats per realitzar en les festes i celebracions escolars que normalment es fan en tots els CEIP catalans. Aquests poemes aporten noves propostes per treballar en aquestes diades, com és el cas del Nadal que ja no sabem on buscar poemes i sempre acabem recitant els mateixos.

4. Penso que hi ha uns eixos transversals que s'han de treballar a l'escola com són: L'educació moral, vial, mediambiental... etc. Aquí podem trobar-hi apartats com el de valors ètics i humans o els poemes sobre escola verda i sobre educació viària.

Sens dubte, no hi ha una especificació d'edat en cada apartat. El mestre, utilitzant el seu criteri, pot recórrer als poemes més adients en cada moment i en cada cicle.

Seguidament, faré una petita reflexió de cada apartat del recull:

Primer apartat. Són temes relacionats *amb les estacions*: Els seus fruits, la seva meteorologia, les seves coses... *Parlem de les estacions,* són poemes senzills, curts i entenedors que podem treballar a la classe mentre observem un determinat fruit, mentre veiem ploure per la finestra o simplement mentre anem al carrer per observar i trepitjar les fulles...

Segon apartat. Els animals. Són poemes senzills que expliquen característiques de cada animal. A l'educació infantil i als primers cicles de primària se solen estudiar molt els animals mitjançant projectes. Recitant i treballant el petit poema seria una altra forma d'estudiar l'animal.

Tercer apartat. Festes escolars. L'escola ha canviat. Les festes, folklore i costums catalanes han entrat a l'escola per ser treballades en aquesta institució. Què més bonic en una festa que els nens ens recitin o ens representin poemes?

Quart apartat. Una altra temàtica escolar. Escola verda i educació viària a les quals ja n'he fet referència anteriorment.

Cinquè apartat. Catalunya. Què hem de saber de *Catalunya*? I de les nostres muntanyes, del nostre mar, de la senyera...? Catalunya té tantes coses emblemàtiques que farien falta un munt de poemes per poder-ho explicar tot. Ajudem als nens i nenes que viuen a Catalunya, encara que hagin vingut d'altres països, a estimar, respectar i honrar la terra en què viuen.

***Sisè apartat.** Homenatgem als pares i avis*. El nostres pares i avis es mereixen això i més, però si trobem una diada assenyalada seria molt bonic que els hi recitéssim aquests poemes tan verdaders, tan sensibles i de tan significat.

***Setè apartat.** Valors ètics i humans*. Valors que els tenim tan oblidats i perduts! Em pregunto... Saben els nens sobre la pau i l'amor per exemple? Saben què vol dir ser generós? Saben el valor que té la vida? Què en pensen els nostres alumnes de la violència actual? Tots aquests temes no els podem deixar de banda a l'escola, ja que la nostra societat té aquests valors massa arraconats. Seria convenient doncs, que a l'escola els hi traguéssim la pols però no exclusivament en les classes d'ètica. També seria molt interessant amb nens més grans, reflexionar sobre aquests valors.

Cal despertar el gust per la poesia en el nen. L'objectiu principal seria que, al finalitzar l'escola primària, el nen hagués treballat en l'audició de textos, la memorització, l'elaboració i també la construcció poètica: mètrica i imatges (comparacions, metàfores...).

La poesia no és només memorització, sinó que es poden desenvolupar tot un seguit d'activitats amb poemes: Cal·ligrames, il·lustracions, construir poemes nous a partir d'unes paraules donades, fer rodolins... etc.

Per acabar aquesta reflexió cal dir que la poesia a l'escola aporta els nens cap al coneixement, cap a la comunicació i cap a la llibertat. I quan l'alumne estigui preparat es llençarà a fer sol les seves poesies, utilitzant la imaginació, el pensament creatiu i les necessitats que ell tingui de fer arribar un missatge, un sentiment...

Espero que aquest primer recull de poemes sobre temes per treballar a l'escola pugui arribar a bon terme i tanmateix pugui ésser una guia útil i pràctica per tots els mestres.

Parlem de les estacions

RAÏMS

Raïms verds, raïms negres
que pengeu del ceps ennegrits,
quan arribi el setembre
la verema us en treu profit.

Suc de la seva polpa
ja la podem tastar!
I si el deixes fermentar
un bon vi en sortirà.

CASTANYES

Castanyes de la muntanya

Que cada any baixeu...

Per torrar-les aquí a la plana

i assaborir-les per tot arreu.

És un fruit molt especial

que sempre acompanya a la tardor,

ens les mengem tots en rotllana

i amb caire de germanor.

FULLES

Fulles seques, fulles verdes,

fulles amb formes i de tots colors.

Les voreres en són plenes

i totes ballen el mateix so.

La tramuntana les arrossega,

anem-les trepitjant.

Sentiu quin soroll fan?

TARDOR

(I)

Quan arriba la tardor,

tot canvia de color:

Grocs, ataronjats, ocres i marrons.

Sòls encatifats i aromes subtils.

Tempestes, pluges i aiguats

brollen a mils.

Ja no floreixen roselles

però sí els magraners.

Moniatos i castanyes

omplen parades als carrers.

Tardor, que cada any tornes.

Tardor, després de l'estiu.

Les pells morenes blanqueges,

escurces el dia

i allargues la nit.

(II)

Un fort vent del nord empeny amb força les branques i les fa cruixir.

Cauen les fulles que han perdut color i força pel pas del temps.

En la foscor se sent el trepig de les fulles seques que encatifen el sòl.

...És la tardor!

I a la matinada mentre el poble resta adormit,

en el bosc desperten mil sorolls:

d'animals esporuguits, lladrucs de gos i trets de caçadors...

Mentre pel mig del fullam i l'herba,

sobresurt el barret d'un miraculós bolet.

...És la tardor!

I en aquesta foscor sobtada d'una tarda de novembre,

un ambient de pau i calma ens envolta,

les platges resten en solitud,

les orenetes emprenen el vol.

...És la tardor!

MAGRANA

M'agrada la magrana

per la suavitat dels seus colors.

M'agrada la magrana

perquè té tantes llavors.

Fruita de tardor càlida

I de forma arrodonida,

porta una petita corona

i té la pell molt i molt fina.

PLUJA

El soroll del « xim-xim » m'ha despertat,

l'aigua queia per damunt dels teulats.

Pluja de primavera!

Pluja de tardor!

Sempre seràs ben rebuda

en el canvi d'estació.

VENT

Vent del nord que portes fred.

Vent del sud que portes escalfor.

Tan se val el que triem!

Sempre bufes d'algun cantó.

Vent i més vent,

fort i més fort,

ens empenyes de valent,

pel carrer, en qualsevol lloc.

BOLET

La terra és humida.

Ara vol escalfor.

De sota la molsa

treu el seu caparró.

El petit bolet per fi ha trobat

el lloc que volia

per créixer en llibertat.

El bon caçador demà el trobarà

i a dintre d'una cassola el ben guisarà.

LA TARONJA

De la planta més olorosa

en surt la més bella flor.

Una taronja molt sucosa

i taronja el seu color.

Cal menjar-la cada dia,

així fem fora els constipats.

Ens dona força i energia

per començar noves activitats.

HIVERN

(I)

Al cim de les muntanyes

tot és blancor.

A les valls s'hi sent

la tendre frescor.

Els arbres despullats

de tota verdor.

Tot va enunciant...

La nova estació!

(II)

El fred ha arribat,

l'hivern és aquí.

Obro la finestra i...

Tot ha canviat!

Neva a les muntanyes

i plou a les valls.

Les rieres s'omplen d'aigua

i corren riu avall.

Els arbres mig plorosos

sense fulles i tremolant.

I un vent fred de tramuntana

per la plana va xiulant.

Ja no hi ha gent a la plaça

ni tampoc pel carrer.

Tothom corre de pressa

a la vora del braser.

(III)

És de nit,

el cel serè i estrellat.

Les xemeneies fumegen damunt dels teulats.

L'escalfor de la llar

i demà tot gebrat.

És que el fred ha arribat!

Sortirem al carrer

tots ben abrigats.

Amb gorres i bufandes

anirem ben tapats.

Després de l'escola,

el carrer és molt fosc.

La canalla a casa

s'entreté amb el joc.

A LA VORA DEL FOC

I a fora un fred ben viu!

Prop les flames i el caliu,

la gent feia rotllana,

tot contant rondalles i endevinalles.

I a fora un fred ben viu!

Prop les flames i el caliu,

la gent s'hi recollia

i tothom es feia companyia.

I a fora un fred ben viu!

Prop les flames i el caliu,

que bé que s'ho passava

tota la canalla...

Prop les brases d'un tió

que petava de tanta escalfor!

NEU

(I)

Fines volves de cotó

cauen d'un cel gris,

d'un cel ennuvolat,

tot uniformement llis.

Sota un ambient fred,

apagat i humit,

tot resta en silenci

sense cap mena de brogit!

(II)

Aquest matí m'he despertat

amb un paisatge transformat:

Un llençol blanc cobria els cims

de muntanyes i planes,

d'horts i jardins.

I al arribar a l'escola,

tots hem decidit

de fer un gran ninot

i deixar-lo ben guarnit.

PRIMAVERA

El bon temps ja s'acosta

vestit de mil colors.

Colors primaris de primavera

deixem els ocres per la tardor.

Al jardí de casa meva

el roser ja és florit.

I en el camp el blat verdeja

I la rosella hi fa llit

Pixallits pels marges de rieres

i violetes amb tanta olor.

De margarides les valls plenes.

Tot floreix amb l'escalfor.

Sol de tarda de primavra,

sol de dia avançat,

tot viu entre l'herba:

Els insectes i els escarabats!

L'ARC DE SANT MARTÍ

Set colors en acabar la pluja,

els set colors de Sant Martí.

El sol descompon l'aigua,

amb set colors del to més fi.

Del violeta al lila

i del rosa al blau setí.

Tot el cel amb jocs de dansa,

coloraines de sant Martí.

GINESTA

Ginesta, planta bella,

que desprens tanta olor,

omples els marges de la carretera,

quan comença la calor.

La teva tija llarga i prima,

tota envoltada de flors,

papallones et volten

preses de tanta formosor!

MAR

Senzillament mar.

Aigua salada amb moviment,

empesa per la força de l'oratge.

Muntanyes d'espuma dansant

que es formen amb el frec de la sorra a la platja.

Senzillament mar,

colors blau-verdosos,

reflexos d'un sol lluminós,

remor relaxant...

Només mar.

SANT JOAN

Foc, foc de Sant Joan.

A la plaça la mainada,

la foguera està preparant.

Agafem trastos de fusta

i tota mena d'encenalls.

Anem tots cap a la plaça,

per sentir el « pim i pam ».

Petards i coets s'enlairen.

Esclatant amb mils colors

il·luminen les estrelles

i s'apaguen en la foscor.

Agafem-nos en rotllana.

Dansem a prop del foc.

Fem gresca i xerinola

que ja comença la calor!

L'ESTEL

Amunt, sempre amunt.

Un fort vent que t'empeny

més amunt, sempre amunt,

l'estel de tots colors.

No et torcis cap enrere,

el teu destí és molt amunt.

Allà on ningú et pot percebre.

Allà on no hi arriben els nostres sentits,

on es fon la llum del dia...

Amunt, sempre amunt.

COSES DE L'ESTIU

Les formigues afanyoses

van traginant grans de blat.

Tot travessant la reixa,

fan via cap al forat.

Volades de caderneres,

pinsans i verderols

deixen a les roges cireres

res més que el nu pinyol.

Les granotes tafaneres

dins la bassa fan xip-xap.

I a prop de la riera,

prop dels joncs, treuen el cap.

El sol colga el capvespre

i porta l'ombra sobre el camp.

El pagès l'aixada endreça

i fa anar a jóc l'aviram.

Tot això són coses de l'estiu

i del temps de la calor,

quan la gent prenia la fresca

amb la cadira al balcó.

Els animals

EL GAT

Jo tinc un gatet.

És molt petitó,

amb quatre potetes

i de color marró.

Bigotis molt llargs

i el pèl molt crespat.

Se li aixeca la cua

quan està enfadat.

Atrapa a les rates

només per jugar

i miola amagada

quan vol descansar.

EL GOS

És animal de companyia

i, com cada dia,

m'espera amb il·lusió.

De panxa enlaire

i amb aire inquiet,

esperant les moixaines

del seu amo discret.

La cua remena

al sentir-se feliç.

Dolça companyia

espera amb encís.

I adormit a la pallissa,

el desperta amb passió

un bon plat d'ossos

que devora amb afició.

LA TORTUGA

Tens un cos amb quatre potes.

Et desplaces a poc a poc.

I al mínim brogit

el cap et queda encongit

sota la gran closca

que portes per vestit.

LA GRANOTA

La granota és un amfibi

que en la vida es va transformant.

Des de petit capgròs,

fins a ser granota gran.

Va amagant la seva cua

per donar pas a les extremitats.

I així també esdevindrà rèptil,

gaudint de la dualitat.

A l'estiu a la fresca,

prop de les basses la pots sentir

amb el seu « ruac-ruac » alegre,

poca estona et deixa dormir.

ELS PEIXOS

Els peixos formen un món,

dins les aigües del mar

i equilibren la natura d'ambdós costats.

Peixos de totes formes i de tots colors.

peixos de totes mides

i peixos amb abundor.

Tots presenten les mateixes característiques:

la sang freda i la respiració,

agafen de l'aigua l'oxigen

i en fan la combustió.

I dels ous en surten les seves cries

per afavorir la continuïtat,

d'aquestes grans espècies

que viuen dintre el mar.

EL BURRO

El burro és animal tossut i generós,

també mans i afectuós

si se'l sap tractar com cal.

El burro, ruc o ase,

tan se val com l'anomenem.

És dur i resistent

i aguanta el sofriment.

Avesat a passar gana,

avesat a ser valent!

EL CAMELL

El camell de potes llargues,

És de terres de més calor.

És animal de viatge

i nòmada de debò.

Té dues gepes a l'esquena

i al mig el seient,

per transportar-hi mercenaris

mentre pel desert va corrent!

L'ELEFANT

Pel mig de la selva hi ha un animal

que li costa molt caminar.

Aixeca les potes molt lentament,

movent la cua al mateix moment.

Té una trompa al davant

que la mou molt elegant.

És molt gran i pesant

i tothom l'anomena elefant.

LA GIRAFA

Que bonica és la girafa

tota tacada de marró!

Punxegudes orelletes

a sobre d'un front rodó.

Pot menjar les fulles més altes

perquè té un coll molt llarg.

Igual que el tronc d'arbre

que resta immòbil al seu costat.

LA MONA

La mona petita i bufona

fa molts saltirons.

Del seu morro inquiet

en surten petits gemecs

i quins sorolls que fa!

quan vol amb algú parlar.

Penjada de les lianes

no para de voleiar.

Es llença de dalt dels arbres

per així poder arreplegar,

tota mena de fruites

per poder menjar.

LES PAPALLONES

Deixen els seus capolls

tot just començada la primavera

i el perfum de les flors

les atrau cap a l'era.

Voleu papallones enlaire,

escampeu tan dolça olor,

de les flors més aromàtiques,

del temps de la calor!

EL CICLE DE LES ABELLES

A l'hivern formen pinya
per conservar l'escalfor.

A la primavera
abelles i reines
fan intercanvi amb la flor.

A l'estiu caiguda important!
d'ous ja no en fan tants.

A la tardor
cries en abundor,
per així assegurar
que continuï aquest bestiar.

ORENETA

Oreneta viatgera,
novament has retornat.
Enfilada al fil de l'era
ja ens tornes a fer costat.

El teu vol és ben lliure,

lliure és el teu cos.

Vola, vola per valls i muntanyes!

sempre, sempre sense repòs!

LES FORMIGUES

Una fila de formigues

pel carrer va caminant,

amb les seves fines potetes,

es paren un instant.

Els seus ullets perceben

quelcom al seu davant.

Són les passes d'un infant

que sense voler, les va trepitjant.

Que n'és d'efímera la seva vida!

ni tan sols les ha vist.

Només caminaven en fila

fent el seu petit circuit.

L'ESCARABAT

D'escarabats n'hi ha de moltes menes,

de petits i de més grans.

Els trobem sota les roques

i pel cim dels vegetals.

L'escarabat de la patata

i l'escarabat negre que fa pudor.

En canvi la marieta,

tothom la mira d'un altre color.

LA GAVINA

Estol de gavines voltaven el far

esperant veure un vaixell que tornés d'alta mar,

per anar a cercar-lo

i conduir-lo al port,

s'enlairaven damunt els núvols

on es confonien amb el color,

d'una tarda boirosa,

d'un mar en calma,

d'un dia qualsevol.

Oh! gavina voladora

que vas marcant camins,

formes un vel blanc damunt l'aigua

i ets senyera de mar endins!

Les festes escolars

LA CASTANYADA

Ja ha arribat el mes d'octubre
i als darrers dies tots celebrem

la festa de la castanyada

i com cada vegada,

en el pati les torrarem.

Ens posem tots en rotllana.

Cantem cançons de la tardor,

cantem cançons de la castanya,

mentre desprenen tanta olor.

També en aquesta festa
cal pensar amb els panellets:
de pinyons i d'avellanes,
de coco i de cafè.

Mengem-los ben de pressa
sense ser agosarat,
doncs passat l'u de novembre
ja tot s'haurà acabat!

ESPECIAL NADAL

Dalt del cel hi ha una estrella
amb una cua molt brillant.
Il·luminant la nit més fosca,
fa companyia a l'Infant.

I en la terra les campanes
ja no paren de tocar
i del meu cor una abraçada
perquè us vull felicitar.

BON NADAL!

(I)

La taula ja és parada

i l'arbre engalanat,

el pessebre amb les figuretes

i el defora... tot glaçat!

S'obre la porta i entra el carter.

El regal que us porta, bé us el contaré:

"Es una estrella daurada

que brilla a l'horitzó

amb una espurna d'alegria

que omple cada racó"

Porta un missatge

molt i molt clar:

"El vostre fill que us estima us vol felicitar".

(II)

És una nit tota fosca

i a l'orient surt un estel.

Un gran missatge d'alegria

va escampant per tot el cel.

És una gran diada

que es celebra a tot el món.

Cada llar engalanada

dóna vida a tothom.

I els petitons que som

l'alegria de la nostra llar,

en diades tan assenyalades,

us volem felicitar:

Que passeu un Bon Nadal ple de joia i de pau.

(III)

Entre els vidres entelats

i el terra tot gebrat

torna, com cada any,

aquell pardal,

missatger de la pau!

Ve de terres molt llunyanes,

no sabem on anirà,

però es vol quedar amb nosaltres

i el Nadal poder celebrar.

A mi que tan m'agrada

sentir la seva escalfor,

m'ha dit a cau d'orella

paraules plenes d'estimació.

Per vosaltres, pares i avis que m'estimeu tant i tant:

Un petó, una abraçada i BONES FESTES DE NADAL!

(IV)

El jardí ja no és florit

però sí engalanat.

Un ginebró ben il·luminat

pampallugueja aquesta nit.

Diada santa per tothom,

l'alegria dels torrons

i la màgia dels petits

fan reviure aquella nit.

La taula parada i el nen adormit,

cantem-li nadales tota aquesta nit.

Demà a l'albada,

el sol per tothom.

Ens besarà la cara

i felicitarà el món.

(V)

Quan la gavina torna a port,

quan el mar està esverat,

quan el cel és estrellat...

Sé que Nadal ha arribat!

Quan es fa fosc aviat,

quan ja no hi ha gent al carrer,

quan tothom comparteix felicitat...

Sé que Nadal ha arribat!

I l'alegria que sento,

amb vosaltres la vull compartir.

I també dir-vos ben alt:

que passeu un FELIÇ NADAL!

(VI)

Cantem ben alegres la nit de Nadal,

al voltant de la taula que hi reina-hi la pau.

Cantem ben alegres un Infant ha nascut,

fa molts i molts segles que l'hem reviscut.

Cantem ben alegres cançons de Nadal,

davant del pessebre, cantem-les ben alt.

Cantem ben alegres a tots els germans,

que Nadal és molta festa, una festa molt gran!

I cantant cançonetes també us diré:

"Que passeu bones festes i feliç... l'any que ve!

(VII)

La lluna s'enfila sobre un gran estel

i fa companyia als astres del cel.

Bella amigueta, dóna'm la mà

i juntes passegem

per aquest cel tan clar.

La nit de desembre

ja ha arribat,

a la terra enfosquida

hi reina la felicitat!

(VIII)

Blanques colometes

baixeu de dalt del cel.

Voleu per damunt les teulades,

feu companyia als estels.

En aquesta nit Nadalenca,

un gran missatge heu de portar:

"Blancs, negres, rics i pobres...

tots s'han d'estimar"

(IX)

La nit és silenciosa,

com si anunciés la pau.

I una música misteriosa

acompanya un vent molt suau.

A l'Orient resplendeix l'estrella,

meravella que no mort

i va guiant les passes

cap a un país ple d'amor.

Benvinguda a la taula,

sé que portes felicitat,

l'alegria de la infantesa

i la corona de la bondat!

(X)

Jo tinc un pessebre,

és el més bonic:

el Jesuset a l'establia,

Josep i Maria al capçal del llit.

El bou i la mula per fer-li escalfor

i l'àngel que guia

a la terra el bon pastor.

Jo tinc un pessebre,

hi ha molts animalets:

Els xais, les gallines

i la quadra amb els porquets.

Jo tinc un pessebre,

que és de cartró,

muntanyes de suro

i molta verdor.

Aigua a la bassa i al rierol,

la dona que hi renta i el bon camperol.

I els tres Reis hi fan via

des de l'Orient,

per a veure l'infant ben somrient!

(XI)

Tots esperem els reis

amb gran il·lusió.

Els demanem joguines...

No volem carbó!

I en aquest dia,

tant i tant esperat,

desitgem salut i alegria

pels que estan al nostre costat!

FELIÇ DIA DE REIS!

DIA DE LA PAU

Al final de gener,

tot just acabat el Nadal,

tots tornem a recordar

el significat de la Pau.

La pau comença a l'escola

i des de molt petits

cal aprendre bé aquests hàbits

si volem un món feliç.

A l'escola tots treballem

amb gran devoció

aquesta gran jornada

que ens serveix de reflexió.

Fem volar coloms enlaire,

ens agafem de les mans,

llegim els nostres petits missatges...

TOTS VOLEM UN MÓN AMB PAU!

CARNAVAL

Carnaval és temps de disbauxa.

Per carnaval la gent somia

amb ganes de xerinola i molta alegria.

El gaudim tota l'escola

des del primer a l'últim dia

amb el rei carnestoltes

que sempre ens fa de guia.

A la classe ens disfressem

amb barrets i braçalets,

llaços i collarets

i vestits extravagants.

Fem una cercavila

tot tocant molts instruments

que hi hagi fressa i disbauxa

des del primer moment.

Quan arriba el darrer dia,

molt tristos ens posem

quan acomiadem el rei carnestoltes i

"ADÉU" li diguem.

DIJOUS GRAS

Dijous gras o llarder,

tan se val!

És un dia de feiner.

Tots a punt per anar a berenar:

Botifarra, coca de llardons

i moltes ganes de jugar.

LA MONA

La mona de Pasqua

a l'escola farem.

La preparem a la classe

i tots junts ens la mengem.

I amb la mona, les vacances,

el dia del Ram obre el camí

d'uns dies plens de glòria

fins que arribarà el padrí.

Per oferir-nos la gran mona,

més rodona que cap any,

tota plena de xocolata

i amb un ou ben gegant!

EL DRAC
(Diada de Sant Jordi)

Un drac famolenc

un dia es volia menjar

a una bonica princesa

En comptes d'un tros de pa.

Però, sabeu què va passar?

Que Sant Jordi aparegué

i aquest valent cavaller,

a la princesa va salvar.

I des d'aleshores hom l'anomenà:

PATRÓ DE CATALUNYA

I PATRÓ DEL CATALÀ!

DIADA DE SANT JORDI

(I)

Sant Jordi ens va deixar

una molt sana tradició:

un bon llibre cal comprar

i gaudir-lo de debò.

Perquè un llibre és un gran amic

i cal fullejar-lo des de molt petit.

I sempre l'hem de tenir ben a prop,

per passar estones divertides

i poder-lo explicar tot.

Amb un país fantàstic somiarem,

grans personatges coneixerem,

quantes aventures ens explicarà

i a un final feliç ens portarà.

I així aprendrem molt a llegir,

perquè el dia de demà

molta cultura podem compartir.

(II)

Una rosa molt formosa,

en tal diada cal regalar,

a la muller més estimada

i així poder-li contar:

"En senyal d'estimació,

amor i comprensió

et regalo aquesta bonica flor".

I ja per acabar

a tots els Jordis ens cal felicitar

perquè aquest gran cavaller,

ho va deixar ben clar.

Que és el nostre gran patró
de les terres catalanes
i cada any hem de celebrar,
LA NOSTRA GRAN DIADA CATALANA!

ACOMIADAR UN CICLE

(Per a professors)

Junts hem fet un llarg camí

i junts l'hem acabat.

Hem après moltes coses

i una d'elles l'amistat.

Un bon dia al matí

i un adéu fins demà.

Són algunes rutines

que no podem oblidar.

Plegats hem treballat,

plegats hem jugat

i plegats hem gaudit

d'un munt d'activitats.

També hem resolt petits problemes

que per vosaltres eren molt importants

i la vostra innocència,

us ajuda a fer-vos grans.

Apreneu a compartir

i enfortiu la vostra amistat

que això us farà adonar

el que és l'art d'estimar.

Una altra temàtica escolar

ESCOLA VERDA

La meva escola se'n diu verda

perquè els nens així la volem,

una escola ben propera

i que pel seu entorn vetllem.

El nostre lema són tres "R":

Reciclar, reduir i reutilitzar

i així contribuir a fer un món més sa.

Alumnes encarregats controlen...

perquè tots respectem

les coses de l'escola

i el bon ús que en fem.

Un petit hort per treballar

ens ajuda a respectar:

plantes i molts cultius

que entre tots hem de cuidar.

EDUCACIÓ VIÀRIA

Des de petits hem d'aprendre

educació per circular.

Les principals normes viàries,

sempre ens caldrà respectar.

Dels més grans hem d'imitar,

actuar amb educació,

respectar normes i senyes

i el bon ús del cinturó.

La cadireta al darrera per anar ben assentats

i no treure per la finestra

ni els braços ni el cap.

Si de petits ens ho ensenyen

la nostra circulació serà brillant,

evitant perills per les carreteres,

sempre atents al volant!

Catalunya

LA SENYERA

La senyera és el signe
de la nostra identitat,
alternant bandes grogues i vermelles
d'una història del passat.

La senyera catalana,
simbologia dels catalans,
l'alcem amb alabança
i sempre amb l'esperança
d'anar ben endavant!

EL GIRONÈS

Girona, nostra comarca
que inclou la capital,
regada per moltes aigües
que duen força cabal.

La indústria al llarg de la riba,
s'hi ha anat instaurant
així, la paperera,
és fàbrica molt important.

Girona, "cosa bona"
diu algun dels seus refranys,
d'altres parlen de Girona
com a "Ciutat Immortal".

Personatges molt famosos
s'hi han passejat,
així hi ha deixat empremtes
el doctor Trueta i el senyor Cugat.

També compte amb la bellesa

d'esglésies i catedrals

i el pas d'altres cultures

hi ha deixat restes molt especials.

L'EMPORDÀ

N'és la plana més extensa

del país català.

Al nord, la tramuntana

hi bufa sota el cel clar.

I al fons les muntanyes,

fan frontera amb altre país.

I el mar banya la costa,

la costa del bell encís.

Figueres, a la part alta,

ha fet de llit a Monturiol,

el museu de les joguines

i en Dalí amb pans i ous.

Empordà que n'ets de bella

per Cadaqués i Portbou

i del Canigó a les Alberes,

tot entre terra, mar i sol.

MONTSERRAT

Montserrat són les muntanyes

més enllà del litoral.

Les seves formes tan estranyes

li donen un toc tot especial.

Acullen la dolça Verge

en el cor del penya-segat.

Tothom canta a la Moreneta!

Tothom canta a Montserrat!

Catalans i catalanes

en són els seus peregrins

d'aquestes terres tan ufanes

de Catalunya terra endins!

CANIGÓ

Canigó a gran altura,

hi albergues els avets,

el pi roig hi té cabuda,

també el roure matiner.

Alzines i faig hi abunden

en els boscos del Canigó,

on hi troben l'aliment

el senglar i el teixó.

Dins la calma

sovint s'hi sent

un alegre xiuxiuejar

de la merla i de l'àliga

i també d'algun pinsà.

Canigó, t'aclamen els poetes!

Canigó, t'enyora el català!

i al teu cim t'hi deixa la senyera

com a record de què tornarà.

EL MONTSENY
(A l'hivern)

Entre Girona i Barcelona,

la muntanya del Montseny,

quina joia passejar-s'hi

a les tardes de l'hivern.

Quan la neu cobreix els arbres,

quan la boira et fa costat

sota un bosc caducifoli,

ja no hi ha res per contemplar.

Només sentir la pau que t'envolta

amb el silenci del bosc,

d'una bella natura

adomida i en repòs.

PARC NATURAL DEL MONTSENY

En el parc, la primavera...

Valeriana i pensaments,

bruguerola i orquídies

floreixen amb el bon temps.

I la fauna ja es desperta

saltant i corrent pel prat:

La guilla i la llebre

hi troben la llibertat!

L'escurçó s'hi passeja

i el talp hi fa forat,

gripaus per les rieres,

i tòtils a l'herba amagats.

Tot té vida a la primavera!

Tot té vida dintre el parc!

PIRINEUS

Pirineus, altes muntanyes

que s'estenen pel nord del país,

la blancor de les més altes,

resten immòbils, fregant el cel gris.

D'altres, no tant majestuoses,

deixen entreveure la formosor

d'una verge i rica natura

on hi reina la verdor.

Pels seus vessants l'aigua hi llisca

i corre precipitadament,

erosionant i arrossegant

tot el que pot el seu corrent.

I les valls s'hi renten la cara

amb tanta abundor...

d'aigua, terra i sorra

que es diposita a cada cantó.

Sense l'aigua... hom no gaudiria

d'aquesta bella majestuositat

de cadena de muntanyes

des d'un a l'altre costat.

MEDITERRANI

La immensitat de les teves aigües

banya la costa del nostre país,

d'un país que sent enyorança

de tots els savis que tu has vist.

Has estat bressol de civilitzacions

tu, els has facilitat les bones comunicacions

i així antics pobles s'hi van establir

com els ibers, grecs, romans...

que d'aquestes aigües en van gaudir!

Passaran anys, dècades i segles

i tu continuaràs aquí,

vetllant per totes les nostres restes

que n'orgullen aquest país!

CATALUNYA

Catalunya m'enamora
pàtria meva i somiadora!

Quant de temps has lluitat
per aconseguir ta llibertat?

Has estat terra de poetes
i també de conqueridors.
De la Catalunya tan enyorada
en tornaren polítics d'or.

I sempre travessant frontera
els que la volien defensar,
aguantant penes i misèries
per poder algun dia retornar.

I ferms als seus ideals,
cap català la volia trair
per ser terra estimada
de tots els qui vivien i viuen aquí.

I ara junts hem de fer país,

essent patriotes dels teus desigs,

essent patriota del teu esforç.

Junts hem d'independitzar la terra catalana,

sempre, sempre, empenyent fort!

VISCA CATALUNYA!

Homenatge als pares i avis

MARE

Mare amb tu jo somio.

Mare amb tu jo confio.

Mare, com tu jo vull ser!

L'única i adorable

la més bona i amigable

la que estima sense perquè.

Perquè tu dónes sense res a canvi

i reps sense voler.

perquè tu ets la millor mare,

com tu, jo vull ser!

FELIÇ DIA DE LA MARE!

PARE

Tu ets la llavor de la meva vida

i l'ombra que sempre em guia.

En tu he trobat recolzament incondicionat,

i ajuda, quan l'he necessitat.

Junts compartim el joc i l'amistat

i gaudim de moments de gran felicitat!

FELIÇ DIA DEL PARE!

AVIS

Els avis en són l'arrel

d'un tronc molt gruixut

que ha alimentat branques i fulles

i n'ha tret el millor fruit.

Els néts en som l'alegria

d'aquests familiars tan propers,

que són un pou de saviesa

i mai perdran el seu paper

d'ésser els avis de la família

i el pilar que tots necessitem:

"les vostres tendres paraules

i els més nobles sentiments,

un amor incondicional

que el trobem en tot moment!

GRÀCIES AVIS!

Valors ètics i humans

L'AMISTAT

L'amistat cal cercar-la

en un cercle reduït,

a l'escola quasi sempre

des de molt i molt petits.

I busquem entre la colla

algú amb qui compartir

moments de jocs i rialles

d'altres tristos i avorrits.

L'amistat sempre canvia

a mesura que et fas gran,

la que tenies ben assolida

no la podràs oblidar mai.

De la infantesa els millors records,

imatges vives al teu cor,

fortes empremtes que no podràs esborrar mai.

L'AMOR

En la terra en què vivim

semblem oblidar la paraula amor,

en parlem molt sovint

però no la trobem enlloc.

Volem un amor amb majúscules,

volem un amor verdader,

perquè l'amor és bellesa

d'un cor ben sincer.

Cal buscar-lo dia a dia.

Cal buscar-lo cada instant.

Ens ha d'ajudar a viure

i a fer un món més gran.

Deixem de banda l'egoisme

i estimem de debò,

estimem sense límit,

per evitar la destrucció!

LA PAU

De tres lletres està formada

aquesta paraula tan senzilla,

que tot el món hi somia

i tan difícil es fa trobar-la.

No volem més bombes

ni escopetes, ni cap arma de tir.

Estem tips de violència.

Tot això no té sentit!

Busquem a dins nostre

el rebuig d'aquests pensaments

i ampliem la nostra consciència,

més enllà de la ciència

on es troba la pau en oblit.

Compartim-la en tothom

entre els grans i els petits,

amb la gent de totes les races

i sempre amb el mateix desig:

De construir un món ben lliure,

sense odis, sense murs,

sense fronteres...

Simplement amb: PAU SI US PLAU!

LA VIDA

La vida és el regal

de la terra més apreciat,

poder viure el dia a dia

com a present que els reis ens han portat.

S'ha de viure sense temps,

s'ha de viure sense esperar,

s'ha de viure el present

sense mirar el passat.

Provem la dolçor de les mirades,

mirem on mai hem mirat,

escoltem la opinió dels altres

i la vida sempre ens farà costat!

RESPONSABILITAT I LLIBERTAT

La naturalesa ens ha donat la vida

i amb la vida la llibertat,

llibertat per seguir un camí

ple de responsabilitats.

Som éssers lliures d'elegir

i lliures d'estimar,

també som responsables

de la nostra manera d'actuar.

Lliures i responsables

des de la més curta edat,

d'aplicar-nos en els estudis

i viure sempre amb la bondat.

Així quan siguem grans,

no ens torçarem mai pel camí

i seguirem sempre ben rectes,

fins al final del nostre destí.

UN PETIT SOMRIURE

Un petit somriure

és molt fàcil de donar,

per la gent que ens mira

pot molt significar.

Un somriure amb alegria,

un somriure amb il·lusió

alegre la nostra cara,

il·lumina el nostre cor.

I practicant aquest somriure,

el do de l'amabilitat,

donarà un altre caire a la vida

i a la gent que està al nostre costat!

L'ENYORANÇA

Enyorança és enyorar

i qui s'enyora troba a faltar

amb recança quelcom,

que potser ha fugit per no tornar.

Tots en la vida hem sentit enyorança

d'un present o d'un passat,

d'una frase d'alabança

o d'una antiga amistat.

Qui no enyora, no desitja, no vol ser.

L'enyorança és sentir melangia

i nostàlgia d'alguna cosa

que sobtadament,

no està al nostre costat.

LA VIOLÈNCIA

La violència és el més amarg de tots els sentiments.

La violència és una emoció

que ens allunya sobtadament:

D'un món real i noble

on tothom vol ser feliç.

Si allunyem la violència,

tot tindrà un altre sentit.

L'agressivitat hom la detesta,

força descontrolada sense raó,

violència amb l'ús d'armes

aquesta sí que ens fa por!

Fem un crit al món sense armes,

fem un crit a la llibertat,

fem un crit a l'esperança

d'allunyar tanta negativitat!

LA SOLIDARITAT

D'ésser solidari tothom en parla,

és una paraula amb profund sentit

que dintre el cor cal buscar-la

i sense parlar-ne actuar amb desig.

Crear un món solidari

és molt difícil d'aconseguir,

val més practicar a diari

amb el més proper veí.

I així formar una cadena

que tothom vagi tensant,

que no es trenqui de cap manera

i que es vagi allargant!

LA GENEROSITAT

La generositat és un do

que hom li agradaria gaudir,

però... costa molt ésser generós,

costa molt saber repartir!

La generositat comença

a dintre d'un mateix,

quan deixes de banda l'egoisme

i palpes les necessitats dels teus propers.

Per ser persona generosa

nobles sentiments has de tenir,

també has de saber perdonar

amb tots els cinc sentits.

Sempre disposat ajudar,

sempre disposat a compartir

de tot allò que hom disposa

i algú necessitat, se'n pot servir!

EL MATERIALISME

La matèria a la vida

té un escàs valor,

sense viure en la misèria

cal buscar altres tresors.

Gaudim del nostre entorn

i gaudim dels cinc sentits,

gaudim dels més nobles sentiments

i dels millors amics.

Després veurem a la matèria

sense escala de valors

i amb menys materialisme,

la nostra societat viurà millor!

L'HONRADESA

Ésser honrat és l'essència

de tota moralitat.

Quan l'home se n'aparta

es torna molt desgraciat.

La persona que és honrada

sempre va de bona fe,

sempre busca el bé de l'altre

i el tracta com ha de ser.

No busca aprovacions ni recompenses,

ignora l'odi i la venjança

i oblida les ofenses.

És amable amb tothom

i sobretot tolerant,

que costa molt a la gent

practicar aquesta virtut tan important.

L'EGOISME

És germà de l'orgull,

el caracteritza l'individualisme

i mirar als altres amb indiferents ulls.

L'egoista només vetlla pel seu propi benestar,

la seva vida és buida i avorrida,

perquè la gent que l'envolta

no li sol importar.

Per eradicar aquest mal vici

tota la societat ha d'actuar,

abolint desigualtats i privilegis

i així garantir la pau i el benestar.

ELS DEURES

Són un conjunt de prescripcions

per anar tirant endavant

i per afavorir les bones relacions

entre els homes i els seus mitjans.

Primer, el deure cap a nosaltres,
respectar-nos i elegir el bé,
saber triar el que és útil
i el que és bonic també.

Després el deure professional,
que ens assegura gran satisfacció,
pau en la consciència
i benestar en el cor.

També hi ha el deure social,
que molt ens hi hem d'esforçar,
que és estimar als altres
i respectar la seva moral.

Submissió als nostres deures,
que ennobleixen la nostra vida,
el deure no té límit,
el deure és cada dia.

www.ingramcontent.com/pod-product-compliance
Lightning Source LLC
Chambersburg PA
CBHW071225160426
43196CB00012B/2420